JTM – Ich dich auch

Marie Gauvillé

JTM – Ich dich auch

Ernst Klett Sprachen
Stuttgart

1. Auflage   1 14 13 12 11 10 | 2029 28 27 26 25

Redaktion: Edith Michaelsen
Layoutkonzeption: Sandra Vrabec
Illustrationen: Jani Lunablau, Barcelona
Gestaltung und Satz: Satzkasten, Stuttgart
Umschlaggestaltung: Elmar Feuerbach
Titelbild: Corbis (Adrian Burke), Düsseldorf
Druck und Bindung: Digitaldruck Tebben GmbH, Biessenhofen

Printed in Germany
ISBN 978-3-12-591458-2

Table des matières

Introduction

Liebe Schülerinnen und Schüler!

Lesen sollte vor allem Spaß machen. Deswegen handelt „*JTM – Ich dich auch*" nicht nur von einem spannenden Thema, sondern es gibt euch auch einen lebendigen Einblick in den Alltag französischer Jugendlicher. Außerdem könnt ihr beim Lesen entdecken wie sie sprechen. Wenn sich Jugendliche (aber auch Erwachsene) im Alltag unterhalten, so wie hier Julien und seine Freunde, drücken sie sich nämlich nicht immer so aus, wie ihr es im Lehrbuch gelernt habt. Sie benutzen hauptsächlich das *français familier*, die Umgangsprache und sagen z.B. *ouais* anstelle von *oui*.

Hier sind noch ein paar weitere typische Merkmale des *français familier*:

— Vokale werden ab und zu „verschluckt": *j'sais* statt *je sais*.
— Bei Verneinungen fällt manchmal das *ne* weg: *tu parles pas* für *tu ne parles pas*.
— Es werden viele Abkürzungen gebraucht: *ordi* für *ordinateur* (= Computer); *expo* für *exposition (*= Ausstellung), usw.
— Jugendliche übertreiben gerne und benutzen dafür Wörter wie *trop*: *c'est trop nul* (= das ist so blöd).

Dieser Wortschatz und alle anderen unbekannten Wörter sind am Seitenende erklärt oder übersetzt.

Und jetzt viel Spaß mit Julien und seinen Freunden!

1. Les jeux de la faim

Mercredi soir, dans la chambre de Julien

Et là, Jérémie et les Boloss entrent dans l'arène. Ils ne savent pas QUI va être l'autre bande. Mais ils savent qu'une seule bande va gagner. Une seule ! Et à la fin, l'autre bande... MORTE !

Devant son ordi, Julien écrit vite, il adore cette histoire !

Jérémie et les Boloss n'ont pas peur. Normal, ils ont gagné tous les combats ! La bande du Gros Max ? MORTE ! Yohan et les Héros... Tous MORTS ! Alors Jérémie et les Boloss n'ont pas peur, ils sont trop forts...

---

3 **un bolos** *fam du Sud-Est de la France* un idiot | 3 **une arène** Arena | 4 **seul, e** *ici :* einzig | 5 **gagner** gewinnen | 5 **mort, e** tot | 6 **un ordi** *fam* un ordinateur | 7 **tous, toutes** alle (+ *Nomen*) | 8 **un combat** Kampf | 8 **gros, se** dick | 9 **un héros, une héroïne** Held(in) | 10 **fort, e** stark

Julien est concentré et n'entend pas sa mère qui l'appelle. Dans sa chambre, il n'est pas seul. Comme tous les soirs à 18 h, tous les fans de sa page Facebook sont connectés. Ils veulent lire l'histoire que Julien écrit en direct.

On entend la musique de l'autre bande. Jérémie et ses copains rigolent. Ils vont gagner !! C'est clair ! Mais là :
« Mesdames, mesdemoiselles, messieurs, voici les terreurs de Toulouse, les rois du Capitole, merrrrrrrci d'applaudir trrrrrrrrrès fort JUJU ET SES CHAMPIONS ! »
Dans l'arène, plus personne ne parle. Juju et ses champions : La bande la plus terrible de la ville ! Mais… Ce n'est pas possible, c'est…

Julien écrit de plus en plus vite. Ce soir, 57 personnes sont connectées et lisent son histoire. Vite, la suite !

Jérémie et les Boloss sont verts. Oh non ! Pas ça ! Pas Juju et ses champions ! Où sont Farid et les loups ? Ils sont KO, ils ont tous la grippe ! Alors, ce sont Juju et ses champions qui viennent !

Julien a mal aux doigts. Il tape sur son clavier avec trop d'énergie !

Jérémie et les Boloss veulent partir ! Un garçon de la bande crie : « Maman ! Au secours ! » Parce que dans l'arène, Jérémie n'a jamais gagné contre Juju. JAMAIS ! Les Boloss et leur chef tremblent… La porte de l'arène s'ouvre et…

2 **seul, e** allein | 3 **être connecté, e** online sein | 7 **une terreur** qn qui fait très peur | 8 **un roi** König | 8 **applaudir** klatschen | 9 **fort** *ici :* laut | 13 **de plus en plus vite** immer schneller | 18 **un doigt** [dwa] Finger | 18 **taper** tippen | 18 **un clavier** Tastatur | 23 **trembler** zittern

Julien veut faire une pause, mais là… 56 personnes encore connectées…55… Vite, la suite ! 59… 64 !!! Et soudain, il lit sur son écran :

Mon Kiki d'amour ! C mamaaaaaan ! À taaaaable ! J'ai fait des friiiites !

Oh non, c'est la honte ! Ne jamais être ami avec sa mère sur Facebook, JAMAIS ! Ou bien 64 personnes lisent que votre mère vous appelle « mon kiki d'amour ». La honte… Juju écrit un message à sa mère :

– @ Maman ! T'écris sur mon mur Facebook là ! ☹
– Je sais mon Kiki d'amour mais tu n'entends pas quand je t'appelle… Alors je t'écris ! ☺

2 **soudain** plötzlich | 3 **un écran** Bildschirm | 4 **mon Kiki d'amour** *Kosename wie* Spatzi |
6 **c'est la °honte !** so eine Blamage!

2. Le monde de Juju

Sur sa page Facebook, Kiki d'am… pardon, Julien est un héros qui fait peur à Jérémie et sa bande. Mais dans la vraie vie, Julien est un garçon normal. Il a 13 ans et demi, il n'est pas très grand, mais très sportif. Il a les cheveux bruns et courts et de grands yeux verts. Comme presque tous ses copains, il aime jouer au rugby, avoir des fringues de marque et aller au ciné. Ah oui, et il aime aussi les frites de sa maman, bien sûr. Mais à table, pas sur Facebook !

Son vrai nom, c'est Julien, mais tous ses amis l'appellent Juju.

Le meilleur ami de Julien, c'est Alex. Alex n'est pas très sportif. Il est même nul en sport. Par contre, il est trop bon en maths, en SVT et en informatique. Julien et Alex sont amis depuis la maternelle.

Dans la bande à Juju, il y a aussi Mohammed, que tout le monde appelle Mo, Thomas, qu'on appelle Tom, et Enzo, le plus jeune. Mo, Tom et Enzo sont dans le même club de rugby que Juju et sont aussi en 3e au même collège. Sauf Tom, qui est dans un collège privé.

Dans la bande de Julien, il y a aussi des filles : Océane, Chloé, Leila et Jeanne. Océane sort avec Tom. Chloé sort avec un garçon du lycée des Arènes et Leila est amoureuse d'Enzo, mais Enzo ne sait pas s'il est amoureux de Leila parce qu'il aime bien Emilie, une fille de 4e A. Jeanne n'a pas de copain. Et Julien n'a pas de copine.

Pourquoi ? Eh bien, Julien ne sait pas pourquoi. Il est mignon (toutes les filles le disent !), il est sympa (tout le monde le dit), il est intelligent (les profs aussi le disent) et il est souvent drôle. Mais il est aussi très souvent amoureux. Julien a été amoureux de Chloé, de Leila et de Jeanne mais pas d'Océane, parce que c'est la copine de Tom et qu'il ne faut pas être amoureux des copines des copains, c'est la LOI SACREE DES COPAINS. Mais les filles, elles, ne sont jamais amoureuses de lui. Jamais.

---

5 **les cheveux** *mpl* Haare | 5 **brun, e** braun | 5 **court, e** kurz | 5 **un œil, des yeux** Auge |
6 **presque** fast | 7 **une fringue** *fam* un vêtement (Kleidungsstück) | 10 **meilleur, e** beste(r)
| 11 **même** *ici* : sogar | 11 **SVT science de la vie et de la terre** Biologie | 12 **la maternelle**
Kindergarten | 13 **tout le monde** *ici* : alle, jeder | 16 **sauf** außer | 20 **un lycée** Gymnasium |
28 **il ne faut pas faire qc** man darf etw nicht machen | 29 **une loi sacrée** *ici* : heiliges Gesetz

– Juju ! T'es un garçon génial ! Vraiment ! Mais tu comprends…

– Oh Juju ! J't'adore ! Tu sais que j't'adore, hein ? Mais tu comprends !

– Juju… Oh Juju… Oui, mais non, enfin c'est que… Mais tu comprends, hein ?

Mais non, Julien ne comprend pas.

– Tu comprends, toi ? demande Julien à Alex. Tu comprends pourquoi les filles disent toutes : « *Oh Juju ! Juju, t'es génial ! Juju, j't'adore ! Juju, tu es trooooooop mignon mais Juju, tu comprends…* » Pourquoi elles ne disent pas simplement « non » ?

– Je sais pas. Les filles, je les comprends pas, répond Alex. À moi, elles disent toujours « non ». Simplement « non ».

Un jour, Julien a demandé à Océane pourquoi les filles ne veulent pas sortir avec lui.

– T'es trop gentil, Juju ! Les filles aiment les garçons un peu… dangereux !

– DANGEREUX ?!! Mais toi, tu sors avec Tom, et Tom n'est pas dangereux !

– Oh si ! Il est dans un collège privé !

– ET DEPUIS QUAND C'EST DANGEREUX, UN COLLÈGE PRIVÉ ?!

– Pfffff, t'es gentil mais des fois, t'es bête Juju. Tom est dans un collège privé parce qu'il n'a pas bien travaillé, avant. Il a redoublé deux fois ! C'est un rebelle !

– Redoubler, c'est dangereux ?!

– Ouais ! Et rebelle !

Julien n'a pas compris. Les explications des filles, c'est comme les filles sans explications : on ne comprend pas.

Alors il a essayé d'être « dangereux » et n'a pas fait ses devoirs pendant une semaine. « Trop le rebelle ! » a rigolé Chloé. Mais les

11 **simplement** einfach | 16 **gentil, le** nett | 17 **dangereux** gefährlich | 23 **des fois** *fam* manchmal | 23 **bête** dumm | 24 **redoubler** sitzenbleiben | 30 **essayer de faire qc** versuchen, etw zu tun

filles n'ont pas voulu sortir avec lui. Et ce sont ses parents qui sont devenus dangereux, quand ils ont vu ses mauvaises notes…

Dans la vie de Julien, il n'y a pas que des amis. Il y a par exemple son ennemi numéro 1 Jérémie, et sa bande. Eux, ils sont vraiment dangereux. Tous les jours, ils énervent Julien et ses copains. Et en plus, ils sont stupides, ils ne travaillent pas bien à l'école, n'ont jamais d'idées intelligentes (pour sauver la planète, par exemple) et ils n'apprennent jamais le vocabulaire d'anglais… Mais en revanche, ils ont mille idées par jour pour énerver Julien et ses copains.

Une fois, ils ont fait manger des limaces à Alex. Un jour, ils ont accroché le sac de Julien très haut dans un arbre. Ils ont aussi dessiné sur la voiture de monsieur Arnoulle, le prof d'anglais, et ils ont signé « Mo et Enzo ». Du coup, Mo et Enzo ont eu deux heures de colle.

Sur la page Facebook de Julien, c'est toujours Jérémie qui perd contre Julien et sa bande. Dans la vraie vie, c'est le contraire…

---

3 **il n'y a pas que** es gibt nicht nur | 4 **un ennemi** Feind | 4 **vraiment** wirklich | 5 **énerver qn** *ici :* jdn nerven, bedrängen | 7 **sauver qn/qc** jdn/etw retten | 8 **en revanche** dagegen | 11 **une limace** Nacktschnecke | 12 **accrocher qc** etw aufhängen | 14 **du coup** *fam* alors, donc (folglich) | 15 **une heure de colle** f eine Stunde nachsitzen

3. Changement de programme

Jeudi matin, devant le collège

Dans la vraie vie, c'est comme ce matin, à l'école, où Jérémie et sa bande attendent Julien.

– Oh mon Kiki d'amour ! Bonjour mon Kiki d'amour ! Comment il va, mon Kiki d'amour ? Bisou bisou, mon Kiki d'amour ! dit Jérémie.

Un des garçons de la bande ajoute :

– Alors les frites de ta maman, elles sont bonnes mon Kiki ?

C'est la MÉGA honte, pense Julien.

– C'est pas possible ! Comment il sait, pour Kiki ?

– Ben, il a lu ta page Facebook, je pense.

– Ouais, ce soir, je change mon mot de passe. P'tain ! Jérémie lit ma page Facebook… Ah non !

9 h 30, en cours d'allemand

Les correspondants de Dusseldorf arrivent dans onze jours. La classe de madame Sevrin prépare le séjour des corres depuis deux mois et tout le monde est déjà très impatient : « Comment ils vont être, les corres ? Sympas ? », « Est-ce qu'ils parlent bien français ou est-ce qu'on va parler allemand tout le temps ? ».

Le corres de Julien s'appelle Jonas. Ils sont déjà amis sur Facebook. Mais ce matin, madame Sevrin a dit :

– Julien, il y a un petit problème avec ton correspondant…

– Ah bon ? Quoi ? Jonas ne m'a rien dit…

– C'est normal ! Il ne peut pas écrire, il est malade. Et il ne peut pas venir en France…

– Oh non, c'est trop nul !

---

8 **ajouter qc** etw hinzufügen | 13 **changer qc** etw ändern | 13 **p'tain** *fam* verdammt | 17 **un séjour** Aufenthalt | 18 **impatient, e** [ɛ̃pasjɑ̃, ɑ̃t] ungeduldig | 25 **malade** krank

– Mais on a quelqu'un pour toi, Julien ! Une fille, elle s'appelle Kim et elle n'a pas encore de corres. Alors c'est parfait, non ?

PARFAIT ?! UNE FILLE ?!, pense Julien. Jérémie va encore se moquer de lui, c'est sûr…

Le soir, dans la chambre de Julien

– Tu m'as appelé comment, espèce de minus ?
– Moi ?! Mais… Mais non ! Je n'ai rien fait, Juju ! C'est pas moi !
– C'est pas toi qui m'a appelé « mon Kiki d'amour », hein ?
– Non, Juju, non ! Je le jure ! C'est pas moi !
Jérémie et Juju sont dans l'arène. Leurs bandes sont derrière eux. On voit que Jérémie a très peur. Il sait que, quand Juju est en colère, c'est terrible ! Jérémie regarde ses pieds. Il tremble…

Devant son ordinateur, Julien tremble lui aussi. Il est vraiment en colère. Au collège, tout le monde l'appelle « mon Kiki d'amour », maintenant. Même ses copains ! Et tout le monde rigole parce que sa corres est une fille. Même ses copains ! En plus, Jérémie peut lire sa page Facebook, c'est hyper bizarre.

Ce soir, il n'y a que quinze potes connectés sur Facebook. Quinze ! Vraiment, quelle journée nulle…

Julien n'a pas d'idées ce soir. Il commence une phrase, ne la finit pas.

Jérémie a peur de Juju ! Il panique ! Derrière lui, sa bande veut…

Non, c'est nul, nul, nul…

Treize potes connectés… Dix… Julien se déconnecte de sa page. Tant pis, il va un peu surfer sur Internet. Eh, là, une petite lumière

---

4 **se moquer de qn/qc** sich über jdm/etw lustig machen | 4 **sûr, e** sicher | 6 **espèce de minus** *fam* Null | 9 **jurer qc à qn** jdm etw schwören | 16 **en plus** außerdem | 18 **un pote** *fam* un copain | 19 **quel, quelle** so ein(e) | 22 **paniquer** avoir très peur | 25 **tant pis** [tɑ̃pi] *interj* dann eben nicht | 25 **une lumière** Licht

verte ! Julien a un nouveau message. kimlisa22 lui a écrit. Mince !
C'est sa correspondante !

> Bonjour Julien ! Je m'appelle Kim et je suis ta nouvelle corres. Je
> vais au Gymi à Düsseldorf. J'ai un frère et une sœur. Nous avons
> un chien qui s'appelle Cheesecake, parce que c'est mon dessert
> préféré. ☺

« Un chien qui s'appelle « gâteau au fromage » ?! N'importe
quoi… » commente Julien.

> J'apprends le français depuis trois ans, c'est ma matière
> préférée, avec les maths. Mais je n'aime pas l'anglais, notre prof
> est nulle ! L'après-midi, je fais du foot et je chante dans une
> chorale. Et toi ? Tu fais quoi, l'après-midi ?

Je vais à l'école, pense Julien. En France, l'après-midi, on va à
l'école. Et après, on fait ses devoirs.

> Je suis très contente de te voir bientôt ! Si tu veux, tu peux
> m'écrire ? Bis bald ! Kim

Non, Julien ne veut pas écrire ce soir. Mais il doit, à cause de
madame Sevrin. Mais qu'est-ce qu'on écrit à une fille qu'on ne
connaît pas ?

> Bonjour Kim. Je m'appelle Julien et je suis ton…

« Stupide ! » Elle sait comment il s'appelle !

> Bonjour Kim. Merci pour ton mail. Moi aussi je…

---

1 **un message** Nachricht | 1 **mince !** *fam interj* verflixt nochmal! | 5 **un dessert** Nachtisch |
7 **un fromage** Käse | 7 **n'importe quoi !** *fam interj* quatsch! | 9 **une matière** *ici :* Schulfach |
15 **si** *ici :* wenn | 17 **à cause de qn/qc** wegen jdm/etw

« Moi aussi je quoi ?! » Julien n'a pas d'idée.

> Bonjour Kim. Je m'appelle Julien, mais mes amis m'appellent Juju. Je n'ai pas d'animaux et je n'ai pas de frères et sœurs. L'après-midi, je vais au collège, après, je fais mes devoirs, et après, je…

« Moi, Juju, pas de frère, pas de sœur, pas d'animaux. Collège, devoirs, une soupe et au lit ! » Cool. Elle va croire que Julien est un garçon super super… nul.

C'est si difficile ! Avec Jonas, Julien n'a pas eu ce problème. Mais là… Avec une fille… Une fille qui joue au foot. C'est bizarre…

> Salut Kim ! Tu joues au foot ? C'est cool ! Je ne connais pas de fille qui joue au foot. Moi, je joue au rugby. Tu connais ce sport ? C'est un sport populaire dans le Sud. À Toulouse, il y a un grand club, le Stade Toulousain. Je suis fan !

Julien est content. Il a trouvé un début de mail ! C'est vrai, une fille qui aime le foot, elle peut aussi aimer le rugby, non ?

> Quand notre club gagne, on va tous au centre-ville pour faire la fête ! Tu connais Toulouse ? C'est une ville moyenne, il y a 400 000 habitants, mais c'est la 4e ville de France.

Julien ne sait pas pourquoi il raconte ça. Il écrit comme monsieur Dubornet, le prof d'histoire-géo ! Alors il efface sa dernière phrase.

> On prépare encore le programme de votre séjour ici, mais c'est sûr, on va visiter Toulouse et le Capitole. Tu aimes visiter des villes ? Moi, je suis allé à Paris avec mes parents. J'ai adoré.

---

9 **difficile** ≠ facile | 18 **moyen, ne** *ici* : pas très grand | 19 **un habitant, e** Einwohner(in) | 21 **effacer** löschen | 23 **un séjour** Aufenthalt

Julien n'a plus d'idées. Comment finir ? Ah ! Comme ça :

Ma mère m'appelle pour manger ! À bientôt, Juju

Voilà ! Ce n'est pas vrai, sa mère ne l'appelle pas pour manger, mais c'est un bon alibi. Il envoie le mail et apprend un peu de vocabulaire allemand. On ne sait jamais !

---

1 **finir qc** etw beenden

4. Kim

Après dix minutes, Julien pense qu'il a assez appris et surfe un peu sur le Net. Tiens ! Un nouveau message ! C'est Kim. Deux mails dans la même soirée ? Au secours, cette fille est bavarde !

Salut Juju ! C'est Kim ! Tu veux tchatter un peu ?

Ah… Oui, tchatter, pourquoi pas. Il clique sur le nom de Kimlisa22.

JujuDuStade
– Salut Kim !
Kimlisa22
– Je peux t'appeler Juju ?
JujuDuStade
– Oui, tu peux. Et moi, je peux t'appeler Kim ?
Kimlisa22
– Oui, c'est mon nom ! Pourquoi ?
JujuDuStade
– C'est pas un prénom connu, en France.
Kimlisa22
– Juju, c'est pas un prénom connu, en Allemagne ☺

Un point pour Kim !

Kimlisa22
– Tu ne manges pas, alors ?
JujuDuStade
– Je ne mange pas… quoi ?!
Kimlisa22
– Dans ton mail tu dis : « ma mère m'appelle pour manger ». Tu manges vite ☺ 15 minutes !

---

4 **bavard, e** qui parle beaucoup | 20 **un point** Punkt

Mince, son mail ! Deux points pour Kim !

Kimlisa22
– Et tu manges tôt ! Notre prof de français nous a dit que dans le sud de la France, on mange vers 20 heures. Là, il est 19 heures. C'est tôt pour manger, non ?

Et trois points pour Kim ! Qu'est-ce qu'il peut répondre ? Ah, il a une idée !

JujuDuStade
– Ta prof ne t'a pas dit ? En France, on prend toujours l'apéro, avant de manger. Là, ma mère m'a appelé pour l'apéro ! Mais on mange vers 20 h – 20 h 30. Quand mon père rentre du travail.

(En réalité, ils ne prennent pas tous les jours l'apéro, mais Julien n'a pas d'autre idée.)

Kimlisa22
– Il fait quoi, ton père ?
JujuDuStade
– Il travaille chez Airbus. Il est ingénieur.
Kimlisa22
– Il fait des avions ? Génial ! Il y a beaucoup d'Allemands qui travaillent là-bas, non ? C'est très connu, à Toulouse ? Tu aimes les avions, toi ?
JujuDuStade
– Bof. Et toi ?
Kimlisa22
– Bof ☺
JujuDuStade
☺

---

3 **tôt** ≠ tard | 9 **l'apéro** *m fam* l'apéritif *m*

19

Kimlisa22

– C'est vrai que vous mangez la viande… pas cuite ? Et des escargots ?

JujuDuStade

– Ça dépend !

Kimlisa22

– Ça dépend ? Ça veut dire quoi ?

JujuDuStade

– Ça veut dire… Comment dire… Chacun fait comme il veut ! Moi, j'aime la viande rouge, pas trop cuite, et mon père aussi. Mais ma mère, elle l'aime à point.

Kimlisa22

– À point ? Je ne comprends pas !

JujuDuStade

– Ça veut dire pas rouge, mais pas trop cuite non plus.

Kimlisa22

– Comme rose ?

JujuDuStade

– Oui, rosée, c'est ça.

Kimlisa22

– Et les escargots ?

JujuDuStade

– Mes parents adorent ! Moi, j'aime seulement les bulots.

Kimlisa22

– Les boulots ?!

JujuDuStade

– Non ! Les bulots ! Ce sont des escargots qui vivent dans la mer ! Et toi ? Tu manges quoi ?

Kimlisa22

– Pas d'animaux. Je suis végétarienne ! ☺

---

2 **une viande** Fleisch | 2 **cuit, e** gar | 3 **un escargot** Schnecke | 5 **ça dépend** je nach dem | 9 **chacun, e** jede(r) | 25 **un boulot** *fam* un travail

20

Une végétarienne ?! Pas de viande ?! Aïe ! Quand sa mère va savoir ça… Chez Julien, on mange de la viande tous les jours « à cause des protéines ». Une végétarienne qui joue au foot. Cette fille est bizarre.

Kimlisa22
– Juju, ma mère m'appelle…! ☺ À bientôt ! Guten Appetit ! Si tu veux, on peut être amis sur Facebook ?
JujuDuStade
– D'accord ! Je me connecte maintenant ! Bon appétit, et tschuss !

Vendredi matin, dans la cour de récré

– Alors ? Elle est comment ?
– Bizarre… Mais sympa… Enfin, sur sa page Facebook, elle a l'air sympa.
Tous les copains de Julien veulent savoir comment est Kim. Julien a répondu mille fois la même chose : « Bizarre, mais sympa. ». Mais Julien n'a pas dit que Kim est aussi très jolie sur les photos.
Soudain, il entend une voix, derrière lui :
– Oh Juju ! J'ai peur ! J'ai peur !
C'est Jérémie et sa bande !
– Je regarde mes pieds et je panique ! Oh, grand Kiki d'amour ! J'ai peur de toi !
Jérémie a encore lu la page de Julien. Mais qui est le traître ?

---

1 **aie** ! *interj ici :* oje! | 3 **une protéine** Eiweiß | 13 **avoir l'air** + *adj m Adj* + aussehen | 18 **une voix** Stimme | 18 **lui, elle** *ici :* ihn, sie | 23 **un traître, une traîtresse** Verräter(in)

5. Les corres arrivent !

Dix jours plus tard, lundi après-midi

À la gare routière de Matabiau, les élèves de madame Sevrin attendent le car des corres allemands. Julien est stressé pour deux raisons.

Depuis dix jours, Julien change le mot de passe de sa page FB tous les jours. Et tous les jours, Jérémie lit la page de Julien et se moque de lui au collège. Qui montre les textes de Julien à Jérémie ? C'est sûrement un copain FB de Julien. Mais qui ?

– Il a peut-être trouvé tout seul ? dit Mo.

– Pffff… Lui ? Trouver tout seul ? Il est trop stupide ! répond Alex.

– Il est stupide mais il lit ma page, dit Julien.

Les trois copains soupirent.

La deuxième raison du stress de Julien, c'est Kim.

Depuis une semaine, elle et Julien tchattent tous les soirs. Cette fille est sympa, toujours de bonne humeur, rigolote… et très intelligente ! Julien ne lui a pas parlé de Jérémie. Il a expliqué à Alex :

– Tu vois, elle va penser que je suis un vrai nul avec Jérémie.

– Tu n'es pas un vrai nul avec Jérémie, a dit Alex. C'est Jérémie qui est un vrai nul avec toi ! Mais je comprends, les filles, c'est dangereux…

Julien ne l'a dit à personne, même pas à Alex, mais il est un peu amoureux de Kim.

– Là ! Le car des corres !

Pendant dix minutes, c'est le chaos. Les collégiens français cherchent leurs corres allemands, les corres allemands cherchent leurs bagages, tout le monde court et parle en même temps, les profs crient mais personne ne les écoute…

---

3 **une gare routière** Busbahnhof | 4 **un car** Reisebus | 5 **une raison** Grund | 8 **montrer qc à qn** jdm etw zeigen | 14 **soupirer** seufzen | 17 **être de bonne/mauvaise humeur** *f* gut/ schlecht gelaunt sein | 17 **rigolo, e** *fam* lustig | 24 **même pas** *fam* nicht einmal | 29 **un bagage** Koffer

– Hallo Juju !

C'est une voix de fille.

– Kim ?

– Oui, c'est moi !

Kim prend Julien dans ses bras. Tout le monde les regarde et rigole.

– Juju ! Je suis contente de, comment on dit, ah oui : de faire ta connaissance !

– Euh… Oui… Euh… Moi aussi ! Moi aussi !

Juju regarde Kim. Elle est vraiment… fantastique ! Comme sur sa page Facebook ! Elle est un peu plus petite que Juju, pas trop maigre, elle a de grands yeux noirs, les cheveux bruns, la peau… comme du chocolat au lait ! Et le plus beau sourire du monde, pense Julien. C'est Kim ! C'est sa correspondante !

---

5 **prendre qn dans ses bras** *mpl* jdn umarmen | 7 **faire la connaissance de qn** jdn kennen lernen | 12 **maigre** mager | 12 **la peau** Haut | 13 **un sourire** Lächeln

6. Voilà Toulouse !

Mercredi

Les jeunes sont sur la place de la Dorade. Ils vont faire une promenade en bateau sur la Garonne.

5 – Bon, alors, je résume : hier, on est allés place du Capitole.

– C'est pas vrai ! D'abord on est allés à la Basilique Saint-Sernin !

– Mais non Mo, on commence TOUJOURS par le Capitole ! Parce qu'il y a la mairie et la plus grande place de la ville. Quand

10 on a de la visite, on fait toujours comme ça !

– Oh Chloé ! Tu parles comme l'office de tourisme, là !

– Oui, mais j'ai raison !

– Oui, mais Saint-Sernin, c'est la plus grande église romane d'Europe !

15 – Oh Mo et Chloé, vous parlez comme des profs !

– Vous avez vu ? Juju a fait quatre bises à Kim !

– Oui ! Comme un Breton !

– Mais un Breton tout rouge !

– C'est vrai qu'elle est super jolie, sa corres !

20 – Pardon, mais on fait combien de bises, ici ? demande la corres de Chloé.

– Deux ! À Montpellier, c'est trois, mais ici, c'est deux. Même aux filles super jolies !

– T'es jalouse, Leila ?

25 – Non ! Mais si Juju est amoureux de sa corres alors…

Alors quoi ?

– Ben si c'est comme d'hab', lui, il va être amoureux, mais pas elle…

– … et il va être malheureux !

30 – Vous êtes bêtes, les filles ! On ne peut pas savoir. Et Juju n'est peut-être pas amoureux ?

---

3 **un(e) jeune** Jugendliche | 9 **une mairie** Rathaus | 12 **avoir raison** Recht haben | 13 **une église** Kirche | 17 **un Breton, e** → la Bretagne | 24 **jaloux, se** eifersüchtig | 27 **comme d'hab'** *fam* (d'habitude *f*) comme toujours | 29 **malheureux, se** unglücklich

– Tu rigoles ! T'as pas vu sa tête, quand on a visité l'église des Augustins ? Il…

– C'est pas une église, c'est un couvent !

– On s'en fout, Chloé ! Mais Juju, lui, il…

– Il y a combien d'églises, dans cette ville ? Quelqu'un le sait ?

– Trop ! Si on doit toutes les visiter…

– Mais non ! Demain, on va voir la Halle aux grains, et après, on va au Muséum d'histoire naturelle !

– Le truc à côté du Jardin botanique, là ?

– Oui, le truc, comme tu dis. Dans le parc du Grand-Rond. Mais Juju, lui il…

– Chut ! Juju et Kim arrivent.

Julien veut discuter avec Kim, mais il ne trouve pas ses mots. Elle est très jolie ! Et vraiment sympa.

C'est la première fois que Kim vient en France. Elle trouve tout « super ». Elle adore les églises, les terrasses des cafés et les boutiques et elle est contente de faire une promenade en bateau. En plus, elle sait pourquoi on appelle Toulouse « la ville rose ».

Mais il y a une chose que Kim ne comprend pas :

– Pourquoi on ne peut pas manger sur ce bateau ? En Allemagne, quand on fait une promenade en bateau, on peut manger et boire !

– Ah bon ? Mais là, il n'est que 15 heures et on a mangé à midi au restaurant !

– Oui, mais les gens qui ont faim, maintenant, ils font quoi ?

– Ben… ils attendent un peu ! C'est pas comme ça, en Allemagne ?

– Non ! Chez nous, on peut manger toute la journée ! Et on ne mange pas autant à chaque repas ! Aujourd'hui, à midi, on a mangé trois plats !

– Non, un seul !

– Non ! Trois !

---

3 **un couvent** Kloster | 4 **se foutre de qc/qn** *fam ici :* auf jdn/etw pfeifen | 17 **une promenade en bateau** *m* Bootfahrt | 29 **autant** so viel | 30 **un plat** Gericht

– Mais non Kim ! On a eu une entrée, un plat et un dessert. Un repas normal quoi !

– Normal ?! Regarde mon ventre ! Il va exploser !

– C'est bête, c'est bientôt l'heure du goûter !

– Le goûter ? C'est quoi ça ?

– En France, à quatre ou cinq heures de l'après-midi, on mange un petit truc comme un pain au chocolat ou une barre de céréales ou des biscuits.

– Non merci, pas de goûter pour moi, sinon je vais vraiment exploser !

Julien et Kim discutent et rient beaucoup. Julien est très amoureux. Ses amis le voient :

– Regardez, il a l'air vraiment bête, non ?

– T'es pas sympa, Océane ! Toi aussi, t'as l'air bête quand t'es avec Tom !

– On a toujours l'air bête quand on est amoureux ?

– Pourquoi tu demandes ça, Alex ? T'as jamais été amoureux ?

– Non. Enfin si. Mais bon…

– En tout cas, Juju va encore souffrir, c'est clair !

– Pourquoi tu dis ça, Chloé ? Peut-être que Kim aussi va tomber amoureuse ?

– Alex ! Juju, c'est un très bon copain ! Mais les filles ne tombent jamais amoureuses de lui. C'est comme ça !

Après la promenade en bateau, les jeunes traversent le Pont-Neuf et vont à la Prairie des filtres. C'est un grand parc au bord de la Garonne.

– Et après, on peut faire un tour sur la grande roue ! dit Julien.

Oui mais à la grande roue, il y a… Jérémie et ses copains ! Jérémie s'approche de Kim.

– Salut ! Moi, c'est Jérémie. Et toi ?

– Moi, c'est Kim.

1 **une entrée** *ici* : Vorspeise | 1 **un dessert** Nachtisch | 3 **le ventre** Bauch | 3 **exploser** explodieren | 7 **une barre de céréales** Müsliriegel | 19 **en tout cas** jedenfalls | 19 **souffrir** leiden | 27 **une grande roue** Riesenrad | 29 **s'approcher de qn/qc** sich jdm/etw nähern

Kim regarde Julien :

– C'est un copain ?

Jérémie rigole et dit :

– Moi ? Chuis pas un copain de ces boloss. Et toi, t'es trop bien pour rester avec eux, Kim ! Tu veux pas venir avec nous ?

Il prend Kim par la main. « Ce type est… fou ! » pensent Julien et les autres.

Kim regarde Juju.

– C'est quoi, des boloss ?

– Des idiots. Des gens stupides.

– Ah… Tu veux dire des gens comme lui ?

Elle dit cela et montre… Jérémie !

Jérémie laisse la main de Kim. Julien rigole. Il adore cette fille, elle est géniale ! Mais Jérémie, lui, ne trouve pas ça drôle. Il regarde Julien, puis Kim et les autres. Personne ne parle. On attend. Qu'est-ce qu'il va se passer ? On ne sait pas : C'est un peu comme dans l'arène, sur le mur FB de Julien. Madame Sevrin, la prof d'allemand, approche. Alors Jérémie dit :

– Ça, je ne vais pas l'oublier, Kim. Tu vas le regretter. Vous allez TOUS le regretter.

Et il part avec sa bande.

– Ouaouh ! C'est la première fois qu'une fille parle comme ça à Jérémie ! dit Mo.

– Oui, souvent, les filles admirent Jérémie parce qu'elles le trouvent dangereux, ajoute Julien.

– Dangereux ? Lui ?! Pfffff…

– Bon, on va sur la grande roue alors ? De là-haut, on peut voir toute la ville, c'est trop beau !

– OK, on y va ! Oh, regarde, un portable ! Il est à qui ?

– À Jeanne. Ah, il sonne ! C'est…

Julien ne dit plus rien.

– C'est qui Juju ? Qui appelle Jeanne ?

– C'est Jérémie.

---

6 **prendre qn par la main** jdn bei der Hand nehmen | 19 **regretter qc** etw bereuen |
24 **admirer qn** jdn bewundern | 27 **de là-°haut** von dort oben

28

7. L'arène de Facebook

Jeudi matin, au bord du canal du Midi

« *Jeanne est une traîtresse ! Méfiez-vous d'elle !* »
« *Juju est un gros nul !* »
« *Jeanne est une menteuse ! Elle est sortie avec Jérémie !* »
« *Jérémie et sa bande = la bande des boloss !* »
« *Kim et Juju, c'est chocolat au lait et pain au sucre !* »
« *Jeanne t'es trop nulle !* »

Sur Facebook, la guerre des bandes a commencé.

D'un côté, Julien, ses amis et leurs correspondants. De l'autre, Jérémie et ses copains… mais pas Jeanne.

– Si elle aime Jérémie, pourquoi elle est restée avec Julien et les autres ?

– C'est parce que c'est une espionne ! Et une traîtresse ! dit Alex. C'est elle qui a montré à Jérémie la page Facebook de Juju.

– Mais c'est idiot ! Jérémie n'est pas amoureux de Jeanne, il a dragué Kim.

Chloé trouve que Jeanne est vraiment stupide.

– Et maintenant, elle est où ? demande Kim.

– On sait pas. On l'a pas vue depuis l'épisode de la grande roue !

Et c'est vrai. Depuis deux jours, pas de nouvelles de Jeanne.

– Bah ! Elle est sûrement avec Jérémie !

– Alors elle est vraiment bête ! Ce mec drague toutes les filles !

Aujourd'hui, c'est le 8 mai, un jour férié en France.

– Pourquoi c'est férié ? a demandé Lukas, le corres d'Alex.

– Euh… Je sais pas, a répondu Alex.

---

3 **se méfier de qn/qc** jdm/etw misstrauen | 5 **un(e) menteur, se** Lügner(in) | 9 **une guerre** Krieg | 17 **draguer qn** *fam* jdn anbaggern

– On fête la fin de la Seconde Guerre mondiale en Europe, a dit Chloé, qui sait toujours tout. Le 8 mai 1945, l'armée nazie a capitulé et les Alliés ont gagné.

Comme il n'y a pas cours, Julien et ses copains ont organisé une balade en vélo le long du canal du Midi. Il y a du soleil, le chemin est très beau, les parents de Julien ont préparé un super pique-nique pour tout le monde… Mais la bande de Julien n'est pas très joyeuse.

Tout le monde pense à Jeanne. C'est à cause d'elle que Jérémie se moque de Julien.

– Bon, ce n'est pas très grave, dit Kim. Tu n'as pas raconté de secrets, sur ta page FB.

– PAS TRÈS GRAVE ?!! Jérémie m'appelle « Kiki d'amour », maintenant !

– Oui, mais ce n'est pas grave, ça ! Moi, j'ai une copine qui a écrit sur son blog des trucs pas sympas sur son ex.

– Et ?

– Elle a raconté plein de choses, avec des détails, des trucs privés.

– Comme quoi par exemple ?

– Ben par exemple : « Il est super mignon, mais il embrasse mal, je dois tout lui apprendre ! »

– Aïe ! C'est nul ça !

– Oui, c'est nul. Faut faire gaffe à ce qu'on écrit sur Internet. Un jour, bien sûr, un garçon du collège a lu le blog de ma copine. Il a lu toutes ses histoires… Et il les a racontées à tout le collège ! Tout le monde se moque de l'ex de ma copine, et d'elle aussi maintenant !

– Ouais, c'est clair, c'est pas génial.

– Maintenant, c'est pareil pour Juju et Jeanne !

– Et pour Kim !

---

1 **la Seconde Guerre mondiale** der Zweite Weltkrieg | 5 **une balade en vélo** m Fahrradtour | 8 **joyeux, se** [ʒwajø, øz] fröhlich | 24 **faire gaffe à qc** fam faire attention à qc | 30 **c'est pareil** das ist das Gleiche

– C'est pas grave Juju ! Les gens stupides se moquent de moi parce que mon grand-père est africain et que je suis une Allemande noire. Mais ça ne me dérange pas ! Je ne les écoute pas !

Après la balade, les jeunes vont sur la place Saint-George pour prendre un verre. C'est une des plus belles places de Toulouse, un peu chic, avec beaucoup de cafés.

Kim s'assoit toujours à côté de Julien.

Tout le monde a compris depuis longtemps : Kim est amoureuse de Julien. Tout le monde sauf Julien !

3 déranger qn jdn stören | 7 s'asseoir sich setzen | 8 longtemps [lɔ̃tɑ̃] lange

8. Amoureux ?

Jeudi après-midi

Après l'expo sur les avions d'Airbus, les jeunes ont quartier libre. La bande de Julien et leurs corres vont en ville. Kim et Julien vont à la librairie pour acheter des BD.

— L'amour rend aveugle, dit Océane.

— Je ne comprends pas pourquoi Kim est amoureuse de Juju, moi ! Il est sympa, mais bon…

— Je lui ai demandé !

— Ah bon ? T'es trop forte, Leila ! Et qu'est-ce qu'elle a dit ?

— Elle a dit : « Il est gentil, il est mignon, intelligent… Et il me fait des compliments. »

— Des compliments ?! Et elle aime ça ? En France, tous les garçons font des compliments pour draguer ! Et les filles ne les écoutent pas !

— En France, oui, mais pas en Allemagne ! dit la corres de Leila.

— Ah bon ? Et ils draguent comment, en Allemagne, les garçons ?

— Je ne sais pas… On ne drague pas. On discute. C'est tout ! dit la corres de Chloé. Oh, voilà Kim ! Kim, comment on drague, en Allemagne ?

— On ne drague pas. On discute. C'est tout.

— Trop bizarre ! Alors comment on sait quand on plaît à un garçon allemand ?

— Il t'invite au ciné, par exemple. Et en France ?

— Pareil. Il t'invite au ciné ou à manger un sandwich.

— Et il te fait des compliments, non ?

— Oui, mais en France, ça ne veut rien dire ! Les garçons font toujours des compliments. C'est pour ça que les filles ne les écoutent pas !

— Ah bon ?! C'est… bizarre !

---

3 **une expo** *fam* **une exposition** Ausstellung | 3 **avoir quartier** *m* **libre** frei haben | 6 **l'amour rend aveugle** *expr* Liebe macht blind

– Et toi Kim ? Juju te fait des compliments ? C'est Leila qui l'a dit !

– Il dit que je parle bien français… Et que je suis intelligente… Et…

– … et que tu es belle ?

– Non !

– Que tu as de beaux yeux ?

– Non !!!

– Qu'il adore ton sourire ?

– Non, non ! Il ne dit pas tout ça !

– Alors il est amoureux de toi ! C'est clair.

– Was ?!!

Les corres allemandes ne comprennent pas.

– Si un Français fait des compliments à une fille sur ses yeux ou son sourire, il n'est pas vraiment amoureux d'elle. Mais s'il fait des compliments sur son intelligence, c'est qu'il est amoureux ?! C'est ça ?!

– Oui, c'est ça !

– Ah…

– Alors Juju est amoureux de Kim ? Hast du DAS gehört, Kimi ?

– Les garçons qui draguent pour s'amuser parlent de tes yeux, les garçons vraiment amoureux parlent de ton intelligence !

– Alors Juju va inviter Kim ? Ou c'est Kim qui doit l'inviter ? demande la corres de Chloé.

– Non !

– Surtout pas !

– En France, ce sont les garçons qui invitent, jamais les filles !

– Ah bon ?!

– C'est vraiment compliqué, votre histoire !

– Est-ce que toi, tu es amoureuse de Juju, Kim ?

– Oui, enfin, je… Oui !

– Alors on va parler à Juju.

Jeudi soir, chez Julien

Kim prend l'apéro avec Julien et sa famille. C'est rigolo, cette habitude ! Tout le monde « prend un verre » et « grignote » des petites choses délicieuses : des olives, des bouts de fromage, des petits toasts… Après, on « passe à table ». « Le soir, on mange léger », dit toujours la maman de Julien, ça veut dire une soupe ou une énorme salade, du fromage ou un yaourt et un dessert. La maman de Julien adore faire des desserts.

– Ça fait partie de la gastronomie française, Kim ! Tu ne manges pas de viande, alors je n'ai pas fait de bœuf bourguignon ou de cassoulet ! Mais un flan ou une tarte tatin, ça, tu en manges, non ?

Kim a déjà pris deux kilos en moins d'une semaine !

Pendant le repas, elle regarde Julien, qui ne la regarde pas. Julien regarde sa mère, son père, son assiette, ses pieds… Mais il ne regarde pas Kim.

Est-ce qu'il est vraiment amoureux d'elle ? Est-ce que les filles lui ont parlé ? Est-ce qu'il va faire ou dire quelque chose, ce soir ? En Allemagne, les filles demandent aux garçons de sortir avec elles. Ce n'est pas un problème. Mais être amoureuse en France, c'est vraiment difficile !

Après le repas, Juju débarrasse la table. Kim va dans sa chambre, prend son portable, et… Là ! Un SMS de Julien :

RDV à 23 heures au Grand-Rond. Ne dis rien à mes parents ! Juju

Un rendez-vous secret, un soir de pleine lune ! Ces Français sont vraiment bizarres… et très romantiques ! pense Kim.

---

3 **une habitude** Gewohnheit | 3 **grignoter** knabbern | 4 **un bout de qc** *ici :* Stück etw | 7 **énorme** riesig | 7 **un yaourt** Joghurt | 9 **la gastronomie** *ici :* Kochkunst | 10 **un bœuf bourguignon** *französischer Rinderschmorbraten* | 11 **un cassoulet** *Südfranzösische Spezialität:* *weißer Bohneneintopf mit Würstchen und Fleisch* | 11 **un flan** [flɑ̃] Pudding | 11 **une tarte Tatin** *französische Apfelkuchenspezialität* | 12 **en moins de** *ici :* in weniger Zeit als | 14 **un pied** Fuß | 21 **débarrasser la table** Tisch abdecken | 23 **RDV** *abr.* rendez-vous *m* | 24 **la pleine lune** Vollmond

9. La fin des jeux

Vendredi, après les cours, devant le collège

Julien et sa bande attendent, l'air inquiet. Julien demande aux corres allemands :

– Kim est partie super tôt ce matin. Elle est pas avec vous ?

– Non, elle n'est pas allée à l'excursion avec nous.

– Mince, où elle est, alors ?

– On appelle tes parents ?

– Ah non ! Elle va avoir des problèmes !

– Chloé, Kim a peut-être *déjà* des problèmes !

– Ouais, t'as raison…

– Appelle tes parents, Juju ! Kim est peut-être rentrée chez vous ?

– OK ! Chloé, tu me prêtes ton portable, s'te plaît ? Je sais pas où est le mien.

Il appelle, mais :

– Mince, y'a personne !

Devant le collège, tout le monde discute. Elle est où, Kim ? Elle est blessée ? Malade ? Morte ?!

Jérémie passe devant Julien et ses copains, l'air moqueur :

– Mon pauvre Kiki d'amour ! Tu trouves une fille et tu la perds cinq jours plus tard !

Soudain, Chloé montre son portable et s'écrie :

– Regardez, Juju a des messages sur son mur Facebook !

Mais où est Kim ? Ce champion de Juju, le roi de l'arène, a perdu sa reine ! C'est ballot !

Est-ce que Juju a fait du mal à la belle Allemande ? Pour se venger, parce qu'elle ne veut pas sortir avec lui ? Où est Kim, Juju ?

---

3 **inquiet, ète** besorgt | 6 **une excursion** Ausflug | 15 **le mien, la mienne** meine(r,s) | 19 **blessé, e** verletzt | 23 **s'écrier** rufen | 26 **une reine** Königin | 26 **c'est ballot** *fam* das ist dumm | 27 **se venger de qn/qc** sich an jdm/für etw rächen

– C'est horrible ! Tout le monde va penser que tu as fait du mal à Kim !

– Ou qu'elle est partie à cause de toi !

– Mais peut-être qu'elle est partie à cause de moi ?

– Mais non Juju ! Kim t'adore ! Elle nous l'a dit !

– Ah bon ? Vous êtes sûres, les filles ?

– Mais oui !

– Mais alors : pourquoi elle est partie ? Elle est où ?

Tout le monde parle en même temps.

– Taisez-vous ! Taisez-vous, je réfléchis…dit Alex.

Puis Julien s'écrie :

– C'est Jérémie ! C'est sûrement Jérémie !

– Tu crois ? demande Alex.

– Oui ! Qui d'autre a envie de se venger de Kim et de moi ?

– On doit trouver Jérémie !

– Venez ! Ce soir, il dîne dans le resto de son père. On va le chercher !

Les copains marchent vite vers le centre-ville.

– Là ! C'est Jérémie !

Les copains entrent vite dans un café. Tous ensemble, ils ne sont pas très discrets. Julien, Alex et Mo décident de suivre Jérémie.

Jérémie passe en face de la cathédrale Saint-Étienne, il est seul. Il entre dans le parc du Grand-Rond. Julien, Alex et Mo sont toujours derrière lui.

– Qu'est-ce qu'il va faire dans le parc le soir ? demande Mo.

– Il va vers la cabane ! dit Julien

– Quelle cabane ? demande Mo.

– Vous connaissez pas la petite cabane à côté de la fontaine ?

– Non !

– Il y a huit ans, Jérémie et deux copains m'ont emmené dans cette cabane.

– Pour jouer ?

---

10 **taisez-vous !** Ruhe! | 16 **dîner** zu Abend essen | 21 **suivre qn/qc** jdm/etw folgen | 26 **une cabane** Hütte | 30 **emmener qn** jdn mitnehmen

– Non. Ils m'ont enfermé dans la cabane toute la journée !

– C'est pas vrai !

Jérémie passe à côté de la fontaine, puis regarde autour de lui. Julien et ses copains se cachent vite derrière un buisson. Jérémie traverse la pelouse et entre dans une petite cabane. Julien, Alex et Mo s'approchent en silence et entendent la voix de Jérémie.

– Alors ma belle ? Tu veux sortir avec moi, maintenant ? Juju est un bolos, une mauviette, un nul !

– C'est pas vrai ! C'est toi le bolos et le nul ! T'es un menteur et un voleur !

C'est la voix de Kim !

– Ouais, j'ai eu l'idée géniale d'emprunter le portable de Juju. Merci Jeanne… elle pense qu'elle va sortir avec moi…

– T'es nul !

– Nul, moi ? Tu vas voir !

Julien et ses copains se regardent et, d'un coup de pied, ils cassent la porte pour entrer dans la cabane.

---

1 **enfermer qn** jdn einsperren | 4 **se cacher** sich verstecken | 4 **un buisson** Busch | 5 **la pelouse** Rasen | 8 **une mauviette** *fam* Angsthase | 12 **emprunter qc** etw ausleihen | 16 **d'un coup de pied** *m* mit einem Fußtritt | 16 **casser qc** etw kaputt machen

39

Épilogue

Vendredi soir, tard, chez Julien

Kim a pris une bonne douche, elle a mangé une grosse assiette de spaghettis et bu beaucoup de tisane. Elle a eu très peur, mais elle va mieux maintenant.

Dans la chambre de Julien, Kim et lui discutent.

– C'est Jeanne qui a montré ma page Facebook à Jérémie et qui lui a donné mon portable.

– Ouais, elle aime les garçons « dangereux », dit Kim en souriant.

– Je comprends rien aux filles, soupire Julien.

Kim sourit.

– Vous êtes un peu compliqués, vous les Français !

Kim et Julien éclatent de rire. Puis Kim dit :

– Moi, j'aime les garçons intelligents et marrants comme…

– Alex ? dit Julien.

– Mais non, dit Kim. Il est sympa Alex, mais moi je…

Kim prend un bout de papier et écrit quelque chose.

– C'est comme ça qu'on dit, en France ?

Sur le papier, elle a écrit :

JTM

Julien est tout rouge, maintenant !

– Nnnnon. Enfin, avant, oui. Mais maintenant, on n'écrit plus comme ça !

– Ah… On écrit quoi, alors ?

Juju prend le papier de Kim, et il écrit :

ich dich auch !

---

4 **une tisane** Kräutertee | 15 **marrant, e** witzig

Questions de compréhension et activités

Avant la lecture

1. Regardez la photo de couverture *(Titelbild)* et le titre. À votre avis, quel est le sujet de l'histoire ?

Pendant la lecture

Chapitre 1
1. Vrai ou faux? Si c'est faux, corrigez.

		vrai	faux
a)	Julien écrit sur Facebook tous les soirs à 20 h.	☐	☐
b)	Farid et les loups sont dans l'arène.	☐	☐
c)	Les Boloss ont peur de Julien.	☐	☐
d)	Kiki d'amour, c'est Jérémie.	☐	☐

2. Lisez le titre du chapitre. Que raconte Julien sur sa page Facebook?
   Combien de lecteurs lisent sa page, au maximum ?
   Expliquez le problème de Julien à la fin du chapitre.

Chapitre 2
1. Commencez le portrait de Julien et complétez-le pendant votre lecture.
2. Dessinez un schéma qui montre les personnes importantes dans la vie de Julien et leurs relations (copains – amoureux – ennemis).

3. Complétez le texte avec le vocabulaire ci-dessous. Conjuguez les verbes si nécessaire.

fringues – comprendre – facile – ennemi – détester – dangereux – frites

L'_____ de Julien s'appelle Jérémie. Jérémie

et sa bande sont vraiment _____. Julien et ses

copains les _____. Julien aime jouer au

rugby, avoir des _____ de marque et manger

des _____. Il est souvent amoureux, mais

il ne _____ pas les filles. La vie est plus

_____ sur sa page Facebook !

4. Lisez les phrases et trouvez qui parle.

Chloé •   • Pfffff, t'es gentil mais des fois, t'es bête Juju.

Julien •   • Trop le rebelle !

Océane •   • À moi, elles disent simplement non!

Alex   •   • Redoubler, c'est dangereux ?

Chapitres 3 et 4

1. Trouvez les réponses. Plusieurs solutions sont parfois possibles !

   a) Julien est en colère parce que…
      la journée est nulle. ☐
      on l'appelle Kiki d'amour. ☐
      sa corres est nulle. ☐

   b) Pour Julien, écrire à Kim est difficile…
      parce qu'il n'a pas le temps. ☐
      parce que c'est une fille. ☐
      parce qu'elle n'est pas sympa. ☐

c) Pendant leur tchat, Julien et Kim…
    disent ce qu'ils aiment faire. ☐
    parlent de la page de Julien. ☐
    parlent de ce qu'ils mangent. ☐

d) À la récré, Jérémie …
    regarde ses pieds. ☐
    se moque de Julien. ☐
    vient avec sa bande. ☐

2. Pourquoi Julien trouve-t-il Kim bizarre ? Montrez les différences entre Kim et Julien.
3. Commencez le portrait de Kim.

Chapitre 5
1. Expliquez pourquoi Juju est stressé.
2. Qu'est-ce qu'il n'a pas dit à Alex ?
3. Complétez le portrait de Kim.

Chapitre 6
1. Qu'aime Kim à Toulouse ?
2. Qu'est-ce qui choque Kim ? Pourquoi ?
3. Racontez la rencontre de Kim et Jérémie.
4. Que découvrent Julien et ses copains avant d'aller sur la grande roue ?

Toulouse
1. Sur Internet, trouvez un plan de Toulouse avec les monuments.
2. Sur une feuille, dessinez un tableau. Notez les noms des lieux (Orte) au programme de la visite des corres. Puis écrivez les informations sur ces lieux que vous trouvez dans le texte.

3. Regardez où sont ces lieux sur votre plan de Toulouse.
4. Quel fleuve *(Fluss)* traverse Toulouse ?
5. Expliquez pourquoi on appelle Toulouse « la ville rose ».

Chapitre 7

1. Vrai ou faux ? Si c'est faux, corrigez.

	vrai	faux
a) Il y a une guerre entre deux bandes sur Internet.	☐	☐
b) C'est Kim qui a montré la page de Julien à Jérémie.	☐	☐
c) En France, le 8 mai est férié.	☐	☐
d) Kim est amoureuse d'Alex.	☐	☐

2. Lisez le texte et répondez aux questions.
    a) Que pense Chloé de Jeanne ?
    b) Qu'est-ce que les parents de Julien ont préparé ?
    c) Qui a écrit : « Il est super mignon, mais il embrasse mal » ?
    d) Où vont les jeunes pour prendre un verre ?

Chapitre 8

1. Vrai ou faux ? Si c'est faux, corrigez.

	vrai	faux
a) Les jeunes ont vu une expo sur les bateaux.	☐	☐
b) En Allemagne, on drague comme en France.	☐	☐
c) L'apéro est un vrai repas.	☐	☐
d) Avant le repas, Julien met la table.	☐	☐
e) Kim a un SMS d'Alex.	☐	☐

2. Trouvez les mots dans les phrases et dans la grille *(Gitter)*.
   (Les mots peuvent être à la verticale ou à l'horizontale!)

   a) Les corres veulent savoir comment les garçons français

      d_ _ _ _ _ _ _.

   b) Kim et Juju sont a _ _ _ _ _ _ _.

   c) En France, on prend souvent l'a_ _ _ _ avant le repas.

   d) Les garçons font des c_ _ _ _ _ _ _ _ t s aux filles.

   e) Le c_ _ _ _ _ _ _ t est une spécialité du sud-ouest de la
      France.

   f) L'a _ _ _ r rend aveugle.

J	P	L	E	K	A	D	A	R	C
R	J	Y	N	R	F	E	L	T	O
L	S	K	D	O	N	I	I	M	M
D	R	A	G	U	E	N	T	R	P
S	Z	M	P	P	T	R	K	E	L
A	E	O	O	A	O	A	I	N	I
P	I	U	G	S	A	N	A	A	M
E	M	R	U	X	T	E	N	R	E
R	O	N	Q	N	I	P	P	O	N
O	R	E	A	V	T	Z	O	L	T
M	A	M	O	U	R	E	U	X	S
C	B	F	M	T	S	V	G	Q	U
C	A	S	S	O	U	L	E	T	V

Chapitre 9

1. Si vous avez bien lu le chapitre 9, écrivez un résumé. Utilisez le vocabulaire ci-dessous.

   voler – cabane – jaloux – inquiet – peur – se venger – parc – casser

2. Vrai ou faux ? Si c'est faux, corrigez.

	vrai	faux
a) Kim n'est pas devant le collège.	☐	☐
b) Il y a deux nouveaux messages sur le mur Facebook de Juju.	☐	☐
c) Jérémie passe devant le Capitole.	☐	☐
d) La cabane est dans le Jardin des plantes.	☐	☐

Épilogue

1. Vrai ou faux ? Si c'est faux, corrigez.

	vrai	faux
a) Kim écrit quelque chose sur son portable.	☐	☐
b) JTM veut dire « je t'aime ».	☐	☐

Après la lecture

1. Est-ce que l'histoire vous plaît ? Pourquoi (pas) ?
2. Qu'est-ce que vous avez appris sur la vie en France et sur Toulouse ?
3. Écrivez une autre fin à cette histoire ! Vous pouvez lire les fins imaginées par vos camarades en classe.

Liste des abréviations

≠	antonyme de
→	mot de la même famille
°	h aspiré (pas de liaison : *le / la* devant un substantif, *je* devant un verbe)
abr	abréviation
etw	etwas
expr	expression
f	féminin
fam	familier
fpl	féminin pluriel
inf	infinitif
interj	interjection
jdm	jemandem
jdn	jemanden
jds	jemandes
m	masculin
mpl	masculin pluriel
qc	quelque chose
qn	quelqu'un